Intruse

Adeline Gazonnaud

Intruse

Journal poétique

Ou comment guérir d'une intoxication amaternelle

2023

© 2023, Adeline Gazonnaud
Édition : BoD - Books on Demand, info@bod.fr

Impression : BoD – Books on Demand, In de Tarpen 42,
Norderstedt (Allemagne)

Impression à la demande
ISBN : 978-2-3224-8551-2
Dépôt légal : Novembre 2023

à mes filles Jeanne et Romane
à mon père Joël et mon grand-père Roger
et à l'amour

Intruse *(nom et adjectif) : personne qui s'introduit quelque part sans y être attendue, ni désirée.*

Chassez l'intruse.

Préambule

Puisqu'il faut bien commencer quelque part
rechercher
creuser
rassembler les morceaux épars
d'un kaléidoscope en mouvement continu
originelle dimension et distorsion de tout
mémoriser
refragmenter ce que le temps aura
dispersé
le long des routes
battre les sentiers de son cœur
partir à l'aventure de soi
à sa propre rencontre
y recroiser les âmes et les couleurs perdues
des victimes qui se reconnaîtront
dans le miroir
des bourreaux qui s'ignorent
cheminer et comprendre
pourquoi faut-il toujours un coupable
retrouver un sens
au chaos
et des vers en prose
à sa vue.

Elle avait senti que quelque sensation nouvelle
passait par la fenêtre
comme à la dérobée
elle avait levé le nez de sa torpeur
accoutumée
puis ce jour-là elle sut
elle sut que la beauté du monde s'offrait à elle
elle sut que plus rien désormais ne l'empêcherait
d'avancer

des étincelles de lumière s'éparpillaient sous ses yeux
de la poussière devenue soleil
des particules de vie
sous les yeux
comme livrées à elles-mêmes
discret cadeau des cieux
comme une paire de lunettes
désormais à sa vue.

Se laisser porter
avoir confiance en la vie
foi en son corps et son instinct
de survie
eux seuls
ne la trahiraient pas
être son propre berceau
et lire les Lumières.

Il est de ces failles qui ne se refermeront jamais
comme une emprunte laissée sur un être mal aimé
il est de bon ton de dire
que tout ceci est passé
mais le fer rouge continuera de brûler

quoiqu'il en coûte
au fil du doute

il va lui falloir se débattre pour exister

défaire les nœuds
se prendre au jeu

patauger dans les eaux sombres
des êtres creux
voir la lumière dans leur pénombre

trouver un terrain d'entente avec le diable
pactiser un peu avec le feu

il est de ces failles qui ne se refermeront jamais
un trou béant dans le sol
impossible à combler

A moins que.

Résilience
trouver un moyen d'incarner
ce mot
d'autres sont partis de plus loin
je le sais
je les appellerai
du plus fort que je peux
afin de les rejoindre
et de gravir la pente
éclairée par eux
vous, innombrables prédécesseurs
soyez généreux et
donnez-moi la clef
de nos champs lumineux.

Se raccrocher aux branches
y planter ses griffes
y puiser la sève dont elle a manqué
anesthésier le venin ancré

elle a soif
elle a faim
elle n'a nulle part où aller
un puits sans fond
un vide abyssal

se raccrocher aux branches
savoir les déceler
y planter son âme écorchée
pour s'y refaire une écorce.

Il y a un socle sur lequel s'appuyer
un père et un grand-père
ils sont deux
courte liste
mais elle suffira
l'amour pur existe
ils sont passés dans sa vie
comme des éclairs de génie
partis en fumée
l'amour pur existe
comment désormais le ressentir
et pleinement
se le restituer.

Du fin fond de l'enfance quand le passé fleurit
reste une petite fille qui rêve de jonquilles
toujours la même histoire dès que tombe le soir
rêve la petite fille
qu'elle cueille des jonquilles avec lui

lui dans son jardin discret aucun chagrin ni regret
des pensées, des violettes, des couleurs rien qu'à lui
un écrin de verdure où s'effacent les blessures
bienvenue dans le jardin secret
d'la p'tite fille aux jonquilles

la surface, une cicatrice un lointain maléfice
sur une petite fille qui parle de jonquilles
toujours les mêmes erreurs qu'elle défait et refait
cette petite fille
en quête de jonquilles avec lui

lui dans son jardin d'éden pas d'artifice ni de haine
juste des trèfles, des marguerites, des senteurs rien
qu'à lui
ses tulipes lui manquent souvent alors elle remonte le
temps
bienvenue dans le jardin secret
d'la p'tite fille aux jonquilles

je ris à tout jamais à la simple pensée
du gardien de mon temple
hors du temps grâce à lui
tous ses pétales de roses sont mes feux d'artifices
de jour comme de nuit désormais ressourcée
je reste la petite fille
au cœur de jonquilles.

Mais quand on nage en eaux troubles
il faut savoir accepter
de voir le petit poisson rouge
se faire manger tout cru
par les tortues affamées

il n'en réchappera pas
l'assiette peut se briser
elle aura mal au foie
la scène est terminée.

Subir cet incessant va et vient
de moments de joie
immédiatement
brisés
de reproches et de culpabilité
ne suis-je pas assez méritante
ressentir l'injustice d'être continuellement
giflée
on ne doit pas lui couper la parole

tu me permettras désormais
ou pas
de la prendre à mon tour.

Elle s'était souvent demandé pourquoi elle ne l'aimait
pas
pourquoi
alors que les autres semblaient vénérer l'être
fondamental
chez elle rien ne vibrait
à part peut-être de la peur
un malaise inexplicable
du froid dans le corps et le cœur
elle était frileuse pour sûr

elle était allée jusqu'à le verbaliser
devant ces autres effarés
face à cette enfant en proie au doute
noyée
emprisonnée dans ce sentiment de culpabilité
et dans cette question absurde

comment était-ce possible
de ne pas l'aimer ?

cette mère au visage pâle
à la voix aigre douce
qui provoquait en elle autant de frissons
que d'aspérités

était-ce possible d'être à ce point trouée
et traversée de toutes parts
par la non réciprocité ?

L'excuse à tout tient en quelques mots
je ne suis pas maternelle dit-elle
oui j'ai demandé des explications
vraisemblablement
puisque cette réponse me revient de façon
systématique en plein visage
mais si tu n'es pas maternelle
qu'es-tu par rapport à moi

une mère amaternelle
on touche au non sens

et surtout que suis-je
pour toi
que suis-je au monde
et pour moi ?

perte de repères assurée

flou artistique

mais tenue correcte exigée.

Il aurait fallu couper court
survivre à la décapitation
mentale
aussi court que ses cheveux en brosse
de petite fille sage

elle rêvait d'une fille pourtant
énième paradoxe

il aurait fallu couper net
retenir son souffle
haut et court
comme une pendaison
pour réparer la dette

qu'elle niera jusqu'au bout
comme un dernier affront

il aurait fallu couper court
sa frange sur le front
elle aurait peut-être mieux
vu

elle aurait peut-être mieux su
comment coiffer le monde.

J'ai envie d'avoir les cheveux longs
c'est un problème
pour elle
je patiente je résiste aux ciseaux
ils sont enfin coiffés
je réussis là où elle a échoué
cela sera désormais notre mode de fonctionnement

réussir où elle a échoué
plus elle m'enfonce plus je me relève
je suis forte
mais sans amour propre
je travaille dur pour réussir dans chaque domaine

je ressens très tôt sa rivalité
je m'appuie dessus
involontairement
je rentre ainsi dans la relation
fondamentale
persuadée qu'il faut réussir
pour survivre et pour être aimée
persuadée qu'il faut être la meilleure
ou sinon être enterrée.

Les cloportes se bousculent
et toquent à la porte
ils pullulent
au-dessus d'elle
anonymes

le plafond se fissure
ils vont passer par un interstice
et investir l'armure
jusqu'au prochain solstice.

Comme dans toute histoire de kidnapping
et de rapt mental

il en va de son lot d'excuses
que l'on accorde à son bourreau
sans même qu'il les demande

ça tombe tout cru dans son bec
d'oiseau de malheur
c'est du tout cuit pour lui
c'est un oisillon sans défenses

qui tombe du nid

vole petit oiseau
n'aie crainte ceci n'est rien
comparé à la suite
tu tomberas d'encore plus haut
ta vie sera vertiges

la chute est sans fin
la déception n'a pas de fond
c'est ainsi

avale les couleuvres
et les petits asticots qu'elle te donne
pour te nourrir
elle t'empoisonne
elle t'intoxique

tu es obligée de la subir
et de donner une illusion de soumission

prête-lui le change
ça fera l'affaire

une vie à récupérer en différé

elle ne demande pas pardon
elle a raison elle vit de convictions

au secours aidez-moi elle ne me comprend pas
excusons-la excusez-moi
est-ce si grave au fond
qui a tort qui a raison

meurs
essayes pour voir
meurs et tu verras

qu'elle a raison et vit de convictions.

Elle aura pourtant tout essayé
pour se conformer
à ses désirs
impossibles et contradictoires
elle est trop grosse
elle est trop maigre

l'ambivalence te caractérise
oh toi non incarnation de toi-même

qui accuse ta chair
et la chair de ta chair
d'être mauvaise

elle se décharne
elle te réclame
un genou à terre

mais que fait le père

va-t-elle parvenir
à réveiller autre chose
qu'un soupçon de haine

le père est là mais sous le joug
et elle s'acharne

échec et mat.

Peut-être que certaines personnes sont destinées
à naître puis mourir sans avoir réellement vécu
au milieu
prises entre deux eaux boueuses
sans espoir d'évolution

mais pas toutes
elle décida de miser tout sur les autres
sur ces êtres de lumière inattendue
à la métamorphose humble et régulière
cyclique

parfois le plus commun des vers
suffit à faire comprendre
que de la poussière on peut renaître
subtil poète courtisan
artisan besogneux de son propre bonheur

c'est la phase de la nymphe
elle l'a lu
elle l'a lu puis senti et digéré
la source de renaissance
l'origine du mieux
de la beauté du cœur

elle décida de s'en remettre aux nymphes
corps et âme
intégrées au cours du temps
aux phases de la lune

les nymphes ou la mort
les nymphes ou rien.

Elles s'abattent comme le destin
implacables
sourdes aux volontés extérieures
aux désirs secrets

elles révèlent aux plus communs
des mortels
que seule la remise en question
et l'écoute

n'ont de valeur et de puissance
prédictives

elles s'abattent
détrônent même le plus installé
des puissants égoïstes
surdimension

elles tracent
gravent dans le marbre
l'expression d'un chemin
lumineux

elles s'abattent sur la table
à un rythme cardiaque
remise en ordre cosmique
réponse aux silences internes

si un jour elle se demande
pourquoi

elle n'aura qu'à jouer aux cartes.

Puis il fallut répondre
aux hurlements enfantins dans la nuit
faim d'amour et
fin de non recevoir

elle en aura besoin
à de multiples reprises
dédoublement de soi
l'enfant non comblée
affectivement
devint mère
devint femme aimante
aimantée
par la peur de décevoir

chère enfant
il te faudra renoncer
abdiquer
face à la négation souveraine
les réponses seront tardives
reportées à te rendre blême

chère enfant
prends garde à toi
prends garde à elle
tiens-la à distance suffisante
elle tire à balles réelles

ne la prends pas pour cible
tu y perdrais tes ailes
tu es la cible

mets-toi en sécurité

d'instinct tu te protèges

note à toi-même
fais le indéfiniment
le dragon retient son feu ardent
il se noiera dedans
brûlé dans son propre danger

mais pour l'instant
n'aies de cesse
de chercher l'amour en toi
nourris toi
ne fusionne pas trop
élargis-toi
prends ta place
déploies tes bras
embrasse le monde
et les êtres réciproques

un seul être
ne peut pas tout dépeupler
un seul être
ne peut pas tout dépeupler

répète encore.

Comme un malheur n'arrive jamais seul
ainsi se succèdent les sécheresses
les grains de sables
dans les yeux
ça pique la froideur

comment aurait-il pu
en être autrement
comment aurait-elle pu
savoir
ce qu'être choyée signifiait

mauvais choix
faible estime de soi
sous estimation des dégâts

les mentors parfois ne suffisent pas

éclipse de la raison
amour noir
tu es son refuge
elle ne connaît que toi
elle se met à ta hauteur
petitesse

accablante et glaçante
anémie
anesthésie-moi le cœur
et je resterai
je te donnerai même la vie
tiens-moi en laisse

les mentors parfois ne s'en laissent pas conter

continue de serrer

n'aies de cesse
de la contraindre
de la plier
fragile origami

imagine toi bien
que sous la surface
de ta dulcinée
sommeille la plus grande énergie
que le monde ait jamais portée

berce toi de l'illusion de ta force puérile
décadente idiotie
l'intelligence est maîtresse d'elle-même
elle saura se défaire de toi

les menteurs parfois s'accrochent au tapis.

Je suis enfermée dans un cercueil mental
vivante
sans l'être
je ne peux pas bouger
immobilisée par une peur
incommensurable et absurde
je ne sais pas dire non

c'est intérieur
on me croit souriante et performante
je le suis
pour de mauvaises raisons

je subis beaucoup d'événements
j'implose
rendez-moi ma liberté
d'être seule
rendez-moi mes émotions

c'est si dur de les gérer toutes
faire le tri
dans les gens

les déchets ne sont pas tous recyclables
faire du compost

ne plus demander d'autorisation
se séparer
revenir à moi
faire mes deuils
dire au revoir
à ma façon

émerger.

Elle passera des chevaux de bois
du sud de la France
aux alliés respectables et majestueux
de sa guérison

galopante enfance
fracturée
passée sur le dos
de Centaures étoilés
à espérer voler

à se faire envoyer sur les roses
voltiger

pluie de pétales
désespérés
comme un refrain lancinant

à déchanter

elle en fera des tours de manège
dans la brume hivernale
à tourner en rond

à rejouer des scénarios
d'obstacles infranchissables
par elle seule

à trop s'en remettre à l'autre
parfois on s'en écrase
par terre

une côte fêlée

relève-toi.

Besoin de solitude
vital
aux extrémités de tout

elle avait toujours pensé que c'était
l'amour de soi
si elle s'était juste trompée
de cause et conséquences

besoin d'être sans ça
ce mal
toxicité dévorante

elle n'a pas vraiment eu d'autre choix
que de s'y faire
elle y croyait pourtant ferme
aussi dur que le fer

révélation autour d'un désir
d'humanité à partager
une étincelle en commun

elle devra trouver la voie de l'harmonie
de l'équilibre
où l'autre ne détruit pas
et ne crée pas le vide

s'apaiser avec celui
qui brille
au dessus des autres

décision d'élever la voix faire taire
l'abîme
recouvrir de chaleur humaine
son cœur qui vibre

réaliser enfin que ce n'est pas particulièrement le soi
qui attire
mais simplement le fait de se débarrasser des
mangeurs d'âme
être seul
pas pour soi
être seul
pour sans les autres
potentiellement vus
comme un danger de l'âme

mécanisme rejetant par habitude
dont il faudra se défaire
comme de ses chaînes
pour accéder à l'amour libéré de soi
et de l'autre.

l'autre à réapprendre
l'autre à recomprendre
à réinterpréter
à la lumière du jour

revoir la copie.

Elle n'avait jamais été en possession réelle
et puissante de son corps

pourtant il l'était
puissant

puisant
dans des réserves insoupçonnées
d'obstination
à voir le jour

à repasser par le canal fondateur
refaire le chemin inverse

émerger à nouveau
refaire surface
telle une créature
archaïque régénérante

il lui faudra noyer ses peurs
dans son chagrin

faire peau neuve
mue symbolique et persistante

jusqu'à devenir femme

cela prendrait du temps
elle le savait
mais elle en avait du temps
une vie

il faudra d'abord se défaire
de l'œil inquisiteur
du regard clivant et destructeur

qui sans ça ne la quitterait jamais
y mettre un terme
barrière de survie
quitter l'aveuglement mental
lui crever les yeux
pour retrouver la vue

il lui faudra se déchirer le cœur
ultime plaie à refermer

cela prendrait du temps
et des coups à encaisser
dommages collatéraux

mais elle devait les rencontrer
c'était écrit
son corps à elle
son corps à lui

révélation de la chair
enfin cicatrisée.

Avant eux le chaos
le désert des sentiments

une impossibilité d'être
autre chose que du ciment

des faux pas des faux gens
un nappage
dans de la glace pilée

avoir mal au dos
mal aux dents
de trop se serrer la vis
se faire tourner la tête
à coup de mirages
et de vinaigre blanc
pour désinfecter la plaie
en allant au plus profond

appuyer sur pause
et réfléchir un instant
observer alors
la noirceur des gens

se retourner dedans
position fœtale exigée

quand le vice se vide
de sa substance maléfique
et se désagrège
fin de vie
fin de règne
pour les pauvres âmes grises
décimées
coupées de leur emprise

renaissance saine et victorieuse
les palettes sont devenues de couleur
on ne s'endort plus dessus
obsolètes pansements
noirs et blancs

doux réveil matinal
de leurs peaux sauvées à temps
rescapées du glaçage
qui aura fissuré

revenir de là ne les a pas laissé
indemnes
encore moins de marbre
ils sauront se rappeler

ils n'auront de cesse
à présent
de s'aimer réciproquement

l'équilibre le vrai
enfin réalisé
art délicat au sommet
assortiment de moments
de vérités
sucrés salés

fromage et dessert.

Puis un jour elle parle
elle parle comme elle respire

labyrinthe psychique
juste une ou deux questions
d'honnêteté affective
intellectuelle

à soulever

un poids à s'enlever
mission psychédélique

elle raconte à ce miroir
humain
ce que ses aïeux ont laissé
au creux de ses mains

le fil à ne pas perdre
incrusté dans ses paumes
assoiffées de vie

Ariane
en péril
mise à nu
face aux Minotaures

elle n'oubliera rien
elle a le souvenir tenace
elle saura
choisir son camp
celui des réfugiés
en soi
où seule la sortie de secours
aura droit à la parole.

Elle est si jolie
cette fille sur la photo
fine
à n'en plus finir
une beauté qui lui plaît
mais ne fait échos à rien
une étrangère
à elle-même

mais c'est toi
non

enfin si

mais cela ne peut pas être
puisque cela ne colle pas
avec cette certitude

la religion de la parole incrustante
une croyance une vérité
fausse

un hébétement silencieux
le déni protecteur des questions abyssales
et des remises à plat

mais si cette fille est moi
on m'aurait donc menti
apposé la mauvaise étiquette
code barre frauduleux
né d'une inversion des rôles
ancestrale hérédité

mais si je ne suis pas
ce qu'on m'a fait croire

persuasion malsaine et malveillante
de la nocivité génitrice

qui es-tu jolie fille sur la photo ?

comment allons-nous nous rejoindre
toi si fine et pétillante
moi si lourde de mensonges et de négativité ancrée

le vide est phénoménal
indicible et insaisissable

la question originelle demeure
j'ai beaucoup pensé
sans savoir qui je suis

arracher ce pansement empoisonné
collé à mon insu
alors que je ne savais rien
page blanche innocente
et confiante

la barrière peut se lever
les murs craquent
trahison maternelle mise à jour
le vide va pouvoir se combler

autrement qu'à l'accoutumée

angoisse du néant
transforme-toi en liberté.

Tant va la cruche à l'eau qu'elle se casse

elle se casse les dents
sur la duperie initiale
qui revient en boucle
à ses dépens

mensonge fondateur
qui transformera chaque être aimé
en bourreau des cœurs
maltraitant

tu projettes
deviens martyrisante involontaire

sincère innocent
tiens bon
tu vas mordre la poussière

il est toi
enfant
face à elle
tu intruses à ton tour
qui l'eut cru
et pourtant

tu te sens humiliée bafouée flouée
mais défais les liens
enlève le filtre déformant
de tes lunettes
ajuste les verres
progressifs
affine ta perception
biaisée

transfère les responsabilités
prends et assume les tiennes
et tu verras clair

tu n'as été dupe que d'une seule personne
au final
elle a menti sur tout
l'escroquerie d'une vie
les gens ne sont pas ce qu'il sont
je ne sais pas où j'ai mal

laisse-le respirer

inspire-toi de lui
et de sa capacité d'aimer

tant va la cruche à l'eau qu'il se casse.

Ecrire
dans le vent
mais écrire
une absence de destinataire
psychique
un être incapable de recevoir
le message crypté uniquement
pour la principale intéressée

ça piquerait fort les yeux
mais quand on ne veut pas voir

adieu.

Et maintenant tu te nourris de quoi ?
elle a repris ses billes
tu joues toute seule
tu joues à quoi ?
tu joues à toi ?

vois le verre à moitié plein maman
tu te consumes
dedans

il est vide à craquer
nerveusement
il est prêt à recevoir ta rage
de dent

mes dents de lait sont toutes tombées
il y a fort longtemps
extraction involontaire de sentiments

la sagesse est enfin là
à ma portée
je m'en saisis
je mords dedans

le vers était dans la pomme
la relation est consommée

j'en ai fini de toi.

Elle est pleine d'orgueil
dis-tu
dans l'alcôve de tes relations
poursuivantes

te nourrissant de ses restes
dans la lumière blafarde
de ces lieux anciennement habités
par elle

vautour à satisfaire
à défaut d'avoir été mère nourricière

sa force est un défaut pour toi
tu te heurtes
à un sacré problème
elle fait barrage
elle lui aura permis de survivre
d'échapper à la sangsue
mordeuse d'âme

ne lui dis-tu pas que tu l'aimes ?

blessante et taraudante narcissique
inaltérable projection de haine

tu ne sais pas qui tu es
tu n'existes qu'en elle
la harcelant de ton vide
et de tes mots sans substance

la matière c'est elle
tu ne le sais que trop
elle s'unit à sa fierté
puisque c'est tout ce qu'il lui reste

pour devenir quelqu'un d'autre
que toi

tout sauf toi

elle déteste les pots de colle
elle se solidifie à ton contact
un bon dissolvant
fera le reste.

Elle a intégré un mode de relation aux autres
femmes
dysfonctionnel

c'est héréditaire
chez elles
de génération en génération
elles dysfonctionnent
toutes

mais surtout celle en première ligne
celle qui a le pouvoir de rentrer en toi
de s'immiscer
telle les feuillages grimpant
sur les murs des maisons de campagne

maudite compagne

ta jalousie intrinsèque
a fait de moi ta principale rivale
moi qui n'étais qu'une enfant

j'ai intégré malgré moi la dangerosité
qu'une femme peut porter en elle
tu t'es abattue sur moi
comme des cartes mortelles

tirage néfaste dont il faudra
comprendre l'absence de sens

absurdité d'une peur télécommandée
à distance
par une prise de pouvoir imaginaire
et manipulée

ma fierté et mon raisonnement
seront implacables
face à toi
je les érige en trophée

machination déjouée

j'ai fait de toi la règle
alors que tu n'étais que l'exception
qui la confirme

tu n'es pas conforme
à l'humanité

je choisis d'y voir la lumière
et la bienveillance dont j'ai manqué
amour est mère
de sûreté

changer de mode
défenses désactivées

action.

Ma peau est douce
mon âme est forte
j'apprends à me connaître

je suis la non violence

je frappe aux portes

jadis je tapais dedans
elles claquaient
comme tes doigts dans mes oreilles

j'ai intégré la violence comme
principe de vie

psychologie en deuil
je ne peux plus vivre sans elle

je suis le mal
tu es le bien
et vice versa
puisque
rien ne va

rien n'est à sa place
tout est à la mienne
je prends pour toi
je prends pour nous
je prends pour tout

c'est ma tournée.

La négation de l'autre est leur
arme secrète

le monde est à leur image
vide, terne
mort avant l'heure

le monde n'est pas
en tant que substance dissociée

dieu est mort
sectionné

il n'y a pas de sujet
du verbe
phrases nominales
pensées unilatérales
où toute forme de contradiction
a été niée
et sera sanctionnée
impérativement

les adjectifs ne renvoient à rien
d'existant
ni de tangible

une vision intransitive
de l'autre

qui n'a de raison d'être
que pour la forme

réfléchie

l'intransigeance n'est

que pour moi
tu n'es flexible qu'avec toi-même
voguant avec aisance
sur des flots d'incohérence
à donner le mal de mer
au meilleur des matelots

démence

tu te reflètes en moi
je ne suis qu'un écran de projection
sans lequel tu prends l'eau

elle a les yeux gris

mais si tu réfléchissais
réellement
cérébralement

tu saurais que
j'ai les yeux verts

j'ai les yeux verts
et bien ouverts cette fois.

Il y a un nœud coulant à dénouer

j'étouffe entre la notion
de victime et bourreau
au gré des émotions

panique à bord

les rôles s'inversent
quelqu'un joue la comédie

la normalité est constance
je ne suis pas un autre

quelqu'un me colle à la peau

comment se fait-il que je vive
avec le sentiment
de culpabilité

sans vraiment pouvoir l'expliquer

je culpabilise de tout
je culpabilise d'exister
de respirer
tout est prétexte à le ressentir
et l'exorciser

j'ai tout bien fait
j'ai tout bien joué à la poupée

je suis jalouse apparemment
c'est une nouveauté

je n'adhère pas

ça ne prend pas
ça n'est pas moi je n'en veux pas

j'ai fait de tes tares niées
ma pire réalité
j'ai fait de tes défauts les plus cachés
mes plus grandes insécurités

oh mon dieu j'expie ses fautes
et ses péchés
je me sens coupable à sa place
j'ai mis des clous
dans mes poignets

reprends tout
reprends toi

il n'y a plus rien à sauver
sauf ma peau

je retire un à un
les filaments incrustés

je ne serai pas ta sacrifiée.

Accepter qu'elle continuera
d'être l'image de toi qui lui sert
de support à l'instant T
elle ne sera jamais
autre chose
que l'interprétation négative de toi
dont elle a besoin pour survivre

couper l'image et le son
accéder aux lois de l'indifférence
qui te sont inconnues

c'est le revers de la médaille
que tu n'obtiendras jamais
d'elle

tu ne la satisferais que par ton malheur
qui collerait au sien
souffrance partagée plus tolérable
qui la rassurerait sur
sa non existence

cours refais surface
ouvre les volets

les vampires craignent ta lumière
elle les consume de vérité
l'obscurité les protège

offre-toi la victoire
offre-toi le dernier étage
et admire la vue

enterre les morts
symboliques

range-les dans une étagère

et repose-toi

repose-toi enfin
à côté des cendres de ta mère.